Wie lebt und liebt man in unseren unsicheren Zeiten, in denen nichts mehr gewiss ist? Wie wird man gelassen und weise? Wie geht man mit Ängsten und Sehnsüchten um? Adelhard Winzer misstraut einfachen Antworten. Seine eigensinnigen Gedichte fordern zum achtsamen Lesen, zum Mit- und Nachdenken auf und lassen dabei eine völlig neue Sichtweise auf allzu Gewohntes und Vertrautes entstehen.

Adelhard Winzer, geboren in Karlshuld/Bayern, verbrachte die ersten Kinderjahre auf dem Bauernhof seines Onkels, Mitbegründer verschiedener Bands, Reisen durch Europa, Kinderbuchveröffentlichung „Andreas", Georg Lentz Verlag, München, Bankangestellter, Bankkaufmann, intensive Schreib- und Zeichentätigkeit, Ausstellungen in Neuburg an der Donau, München und Umgebung, zwei Stücke im Cantus Theaterverlag, Eschach: „Krethi und Plethi" – „Das Korkenspiel", weitere Buchveröffentlichungen: „Die Sprachgrenze" – „Hundert Zeichnungen" – „Lügengeschichten" – „Stockholm Blues" – „33 Computer-Zeichnungen" – „Andreas (Reprint)" – „Grundsätze über die Kunst" – „Venedig, von hier aus" – „Der Pensionist" – „Italienische Skizzen" – „Die kürzeste Liebesgeschichte der Welt" – „Die Kunst des Drachentötens", BoD – Books on Demand, Norderstedt, lebt im Chiemgau.

ADELHARD WINZER
LIEBLOSE ZEITEN
Gedichte

Bibliografische Information
der Deutschen Nationalbibliothek:
Die Deutsche Nationalbibliothek
verzeichnet diese Publikation in der
Deutschen Nationalbibliografie.
Detaillierte bibliografische Daten sind im
Internet über http://dnb.dnb.de abrufbar.

Herstellung und Verlag:
BoD – Books on Demand, Norderstedt
Umschlagzeichnung:
Adelhard Winzer

ISBN 978-3-750452015

LIEBLOSE ZEITEN

Er ging ins Zimmer,
von seiner kleinen Küche aus.
Er sah leere Polsterstühle, Sessel,
Tassen und Teller. Er sagte:
Ich habe etwas Gutes gekocht.

Stockholm Blues

Kritik

Alle reden von der Liebe
tausend Lieder gibt es
Bücher Sonaten Gedichte
Ovid und Sappho haben darüber
geschrieben jetzt kommst auch
du noch mit deinem Angriff
auf die Liebe

Akzeptanz

Personen die sich weigern
Geschenke anzunehmen
weil sie nichts anfangen
können mit der Liebe
keine Präsente nichts
Selbstgemachtes für
die Zyniker

Überdosis

Schimmel bildet sich durch Nässe
zu wenig Luft Erstickungsgefahr
Fische mit dem Bauch nach
oben Lichterglanz auf dem
Meer und die Verursacher
noch nicht gefunden

Erkenntnis

Mach dir ein schönes
Leben tanz nicht mit
den Unbekannten
bist du guter Laune
dann kommen sie
auch nicht zu dir

Corona Covid

Du wirst dir der Gesundheit
erst bewusst wenn du nicht
mehr weiter weißt ohne fremde
Hilfe gefangen bist und denkst
wie schön es sein könnte auf
der Welt die unbekannten Orte
die du noch nicht gesehen hast
geh ins Architekturmuseum
sagen die Weitgereisten auch
wenn du es nicht willst

Der Zeitpunkt

Ich habe keinen Plan
hört sich abgeklärt an
gelassen das will jeder sein
wenn man die Leute fragt
aber es ist bloß Theorie
im wirklichen Leben
sprechen die Leute
nicht über Gelassenheit
ich bin es nicht du bist
es nicht keiner ist es ein
Thema das mir seit Tagen
durch den Kopf geht

Corona

Mit dem Wort wurde früher
ein Kaffeepulver bezeichnet
weißt du noch wie es heißt
richtig lachen traut sich
heute niemand mehr

Klima

Zahllose Menschen sind von
hier weggezogen glaubst du
es hat was zu bedeuten oder
meinst du man hätte es aufhalten
können was soll man tun was
heißt Unglück und was Glück
hast du Geld hast du Sorgen
wohin gehst du lieber nicht

Schatten

Dein Wesen ist
wie der Schatten
nein das stimmt nicht
dein Wesen ist nicht
vollkommen nur dein
Schatten also halte
dich an den Schatten

Brief

Liebe Freunde ich denke
heute an euch an den Strand
und die Muschelsucher
frühmorgens das Hotel
auf dem Hügel unter der
Italienischen Eiche die
Dorfbewohner vor ihren
Häusern molto simpatico
am Fischmarkt vorbei
Spaziergang am Meer allein
am alten Hafen über mir
die schneeweißen Möwen

Pfauen

Sie haben uns alles Mögliche gelehrt
die Philosophen und Hohepriester
in ihren durchnummerierten
Paragraphen und Psalmen
geht es nicht um Freundschaft
und Liebe allein ums Rechthaben
Fressen und Saufen genauso
wie bei den Pharisäern von heute

Schwarz und Weiß

Kranke Gesunde
Reiche Arme
Starke Schwache
Gegensätze ziehen
sich an Tag und Nacht
Schwarz und Weiß
Auswüchse menschlicher
Phantasien Gut und Böse
wenn es wirklich stimmt
dann verzeihe deinem Feind

Die Frage

Einer der gerne allein
ist die Einsamkeit liebt
sich nicht wohl fühlt
in der Masse die Stille
sucht und nicht findet

Im Traum

Die Sonne steigt aus dem Meer
blendet dich weil du übermüdet
bist kein tröstendes Wort
niemand hier der dir hilft

Vergessen

Suche nicht dann wirst du
nichts vermissen du weißt es
vergisst es nur immer wieder
kannst du oder willst du nicht

Krankheit

Die meisten Leute
blicken rückwärts
war es nicht schön
sagen sie aus lauter
Verzweiflung und
töten was einmal
schön gewesen ist

Gedenktag

Es liegt an dir wer sonst noch
mitspielt in deinem Leben
weiß ich nicht du musst die
Vergangenheit vergessen aber
keiner darf sich freuen an so
einem Tag den Masochisten
gleich stürzen sie sich ins Schwert
wollen Wiedergutmachung
Verständnis und Liebe

Widerspruch

Der Ausbeuter hat
nichts mit dem Dieb
zu tun der Mond
verändert sein Aussehen
Kirschen reifen zur
Kirschenzeit Pflaumen
sind keine Zwetschgen
Rosen werden gezüchtet
ich und du haben nichts
damit zu tun von wegen
Mond und Sterne nur
der Börsenmakler weiß
was gestiegen ist

In der Fremde

Der Nachmittag vergeht hier
schneller als der Vormittag die
blühenden Gärten waren nicht
ironisch gemeint der Postbote
kennt jeden persönlich aber ich
möchte nicht tauschen mit ihm

Entscheidung

Wolltest du nicht Verantwortung
übernehmen hast du dich nicht
auf den Weg gemacht deine
Entscheidung getroffen jetzt
bleibst du stehen drehst dich um
willst nicht mehr die Zukunft
hat schon begonnen was du für
richtig hältst glaube ich dir nicht
warum hier warum jetzt du bist
nicht besser als die andern

Liebe

Soll ich mich in den Brunnen
stürzen noch einmal von vorne
beginnen was bilde ich mir ein
gibt es keine Tabletten dafür ich
denke seit Tagen nur noch an sie
wie das weitergehen soll weiß ich
nicht einmal glaube ich sie sei dafür
dann wieder muss ich mich abkühlen
sofort an was Anderes denken

Blender

Keiner glaubt ihm wer noch
das wäre der Punkt es ist nichts
mehr wie früher ich hab keine Lust
weiterzureden die Bäume wurden
gefällt der Blender kann sich das
erlauben selbst die Angst spürt
man hier stärker als anderswo

Die Wolken

Der Bach wird zum
reißenden Fluss braun
grau schlammig ganze
Baumstämme schwimmen
darin tote Schweine mit
der Aufschrift Corona
der Fluss reißt alles mit
was sich nicht halten
kann so ist man verbunden
mit der Natur aber das ist
ein Hirngespinst bist du
schlecht gelaunt müsste
der Fluss übers Ufer treten
wolkenbruchartige Regenfälle
Tod und Verderben bringen
weil jeder unzufrieden ist
zornig den andern nicht liebt
und die Menschen grüßen sich
als sei alles in Ordnung

Meister

Die lauwarmen Gestalten haben
am meisten die kennen wir zur
Genüge kriegen den Hals nicht voll
die billigen Supermarktgesichter
die Großen und Starken und die
Alleskönner mit ihren Fragen was
lohnt sich was bringt uns weiter
die Kinder kommen heute schon
erwachsen auf die Welt ein kurzer
Moment nur und alles ist vorbei

Die Maske

Die Frau schaut dich an
aber du weißt nicht warum
trägt keinen Mundschutz
keine Handschuhe ohne Hut
erinnerst du sie an jemanden
gehst ihr nicht aus dem Sinn
willst etwas sagen sagst aber
nichts denkst vielleicht ich bin
nicht von hier aber die Augen
der Frau ihr empörtes Gesicht
vielleicht täuschst du dich hinter
der Maske der große Irrtum

Morgen

Wie halten die Leute das aus
ein schöner Tag mit Sonne
und dir wird innerlich kalt
alles Unsichtbare ist gefährlich
du weißt nicht wie man so
einen Tag zu Ende bringt
ein Verlustgeschäft eine
gebogene Linie die nichts
begradigt Finsternis wohin
gehen die Leute an so einem
Tag kein Baum weit und breit
nichts zu hören nur eine
Tür fällt ins Schloss

Kinder

In den Kinderspielen
ist keine Freude mehr zu
erkennen kein Hier und
Jetzt falls es überhaupt
schöne Gedanken sind

Glauben

Der Millionär besitzt die größten
Grundstücke das ist nicht wichtig
sagt er die Wünsche der Armen
und Kranken übersteigen die
Wünsche der Reichen hast du
den Wunsch ein guter Mensch
zu werden hilft kein Beten
niemand ist an dir interessiert
wer viel gibt bekommt alles
heißt es aber es stimmt nicht
mit Liebe hat das nichts zu tun

Decodierung

Ist etwas unklar muss
man es erst beweisen
dafür werden neue
Wörter gesucht

Phantasie

Männer in Regenumhängen
nassglänzend weiße Gischt
auf den Straßen in der Ferne
dazwischen Vogelgesänge
undefinierbare Laubbäume
haben die Form ihrer Blätter
sagt der Heimatpfleger das
hätte ich nicht gedacht

Sitzung

Sie grüßen dich nicht
schauen vorbei an dir
verstecken sich verbreiten
Falschmeldungen über
ihre geheimen Sitzungen
was hinten herum geschieht
Müllverbrennungsanlagen
Firmenaufkäufe Blender
behalten alles für sich

Der Irrtum

Die Maschinen von
gestern gelten heute
nichts mehr wie ist
das zu verstehen
ich hab keine Ahnung
vorbei ist vorbei keine
Zeit für subventionierte
Wunderwerke

Gesundheit

Die Frau will schöner sein
als sie ist vor dem Spiegel
fragt sie soll ich oder nicht
alle reden keiner hört zu
die Dachziegel glänzen
nach dem Wolkenbruch
schau genau hin der
Maler hat das Haus
gestrichen siehst du den
roten Farbklecks nicht

Freundschaft

Und wie sieht dein Leben aus
ist es ein Pfad ein Durchgang
eine Brücke wer hilft dir ohne
Freundschaft ist alles nichts

Tag und Nacht

Der Mond steigt aus dem Meer
Sterne tanzen am Himmel die
Waage eine Erfindung für
Kinder die es besser haben
sollen die Sonne wärmt dein
Gesicht Duft von Gräsern
Blumen das Knirschen der
Kieselsteine unter den Füßen
die Frau beobachtet dich und sagt
schön siehst du aus wenn du gehst

Geräusche

Ich sitze allein in einem Raum
fünf mal drei Meter mehr nicht
wenn ich das Rollo schließe wird
es eine Erlösung sein was ich damit
meine kann ich nicht sagen das
Zimmer ist ein Aufenthaltsort
ich könnte Radio hören telefonieren
lasse mich auf keine Geräusche ein

Verstand

Mit dem Verstand den Verstand
ausschalten für wen und wozu
braucht man ihn eigentlich
wer ist verwandt mit ihm
warum solche Fragen ist
es typisch das Denken
die Gedanken die Wahrheit

Fragen

Was willst du warum drängst
du dich auf hast du keine Kinder
Freunde warum kommst du zu
mir ich hab keinen Platz für dich
du wirst schon sehen was du davon
hast wenn du bei mir bleibst

Weiter

Der Fluss fließt nicht rückwärts
Wolken sind keine Felsen oder
willst du sie auffangen dann tu was
du willst den Felsbrocken im Fluss
musst du umgehen bist du erst in
Schwung hält dich nichts mehr auf

Leben

Leben wie unter einer Zwangsjacke
die schönen verlogenen Gefühle
seien wir zufrieden es bleibt uns
nichts anderes übrig kannst du
was tun sag es laut und deutlich

Licht

Die Menschen brauchen keine
Gedankenanstöße mehr weil sie
wissen was sie wollen nein weil
sie wissen was sie nicht wollen

Idiot

Ein Mann sieht auf der Straße eine
Frau und sagt gehen wir einen
Kaffee trinken obwohl sie es will
sagt sie nein danke ich habe keine
Zeit zu Hause denkt sie Idiotin
warum bist du nicht mitgegangen

Beweise

Nicht mehr der sein wollen
der man ist abhängig werden
von der Meinung anderer
was du tust und denkst weiß
aber ich nicht Fremdeinflüsse
vielleicht Auswendiggelerntes
erst wenn du die Richtung
kennst kommst du weiter
weißt du das nicht

Vorbilder

Die Frau ist dem Mann eine Last
geworden die er zehn Jahre mit sich
herumgetragen hat kein Problem
sagt er das ist vorbei auch sie ist
in bester Stimmung beide haben
sich voneinander befreit wofür
andere ein Leben lang brauchten

Bedienung

Sie stand neben mir am
Tisch warum sie Sprüche
klopfte wie ein Kerl der
sich wichtigmachen wollte
weiß ich nicht sie hörte
sich gerne reden wusste
nichts war sich selbst
die wichtigste Person

Sonntag

Sonntag denken die Leute und
stürzen sich ins Unglück weil sie
nichts anfangen können damit
was das Leben ist wissen sie
nicht über den Wolken beginnt
das Universum es heißt so weil
niemand weiß was dort geschieht
die Gesunden wissen auch nicht
mehr als die Kranken nur mit
der Krankheit spielt man nicht

Lieben

Lieben heißt fragen und Antworten
geben ich bin noch nicht zu alt dafür
lieben ist leiden zu zweit ein echtes
Verrücktsein

Grenze

Du kannst gehen wann
und wohin du willst
wenn alles vorbei ist
wirst du schon wissen
warum nur zu ich
stelle mich darauf ein
das ist der Anfang
die Freiheit nur einen
Katzensprung entfernt

Liebe

Liebe ist tarnen täuschen
erwachen zwei schnelle
Unterschriften eine
Empfangsbestätigung

Mehrheit

Du und ich klingt nach
Überfluss Mitgefühl
ein Tag allein kann
schön sein ein Tag zu
zweit mehr als drei
unerträglich wenn
du nicht weißt wie
es weitergehen soll

Sonne

Die Nachbarn reden nicht mehr
miteinander das Wetter meint es
gut mit dir aber was hat das Wetter
damit zu tun es hat keine Meinung
meint nichts Wolken fahren am
Himmel dahin werden fotografiert
was du auch willst ein Himmel
ist nicht zu sehen die Nachbarn
schweigen zwei die nichts sagen
obwohl sie verheiratet sind
aus Angst vor der Zukunft

Der Verliebte

Sie hat ein liebes Gesicht
wenn sie mit einem andern
spricht was hat sie für einen
Charakter du kennst nur ihre
liebreizende Stimme ihre Augen
den Mund ihre Geschichten
die Haarfarbe was dahinter
steckt weißt du nicht

Reden

Sagt man nichts merken die
Leute oft nichts sagt man was
werden sie hysterisch fangen
zu schreien an fünf Jahre später
liegt das verschriene Zeug im
Ramschladen dabei merken
sie wieder nichts weil es
nichts war oder doch weil
sie etwas machen was du
nicht gemacht hast damit

Himmel

Schatten am Himmel
das sind Erdschatten
sagt der Gelehrte
wie viele Kirchen
und Gebetshäuser
es gibt auf der Welt
weiß er aber nicht
keine falschen
Gedanken jetzt
er ist finanziell
abgesichert dir
wird schwindlig
wenn du es hörst

Blind Date

Da ist sie auf die alle gewartet haben
aus der Ferne betrachtet sieht sie
gut aus hat nur noch nichts gesagt
ich glaube sie ist zu schön für die
kleinkarierten Affen

Liebeserklärung

Kleine Sachen sind nicht groß
große Sachen sind nicht klein
laut ist nicht gleich laut einmal
tut es weh dann wieder nicht
ist dir das noch nicht aufgefallen

Zwei

Warum reden die Leute so viel
weil sie glauben zu kurz zu kommen
glaubst du das nicht wirst du für
dumm verkauft Frauen die rauchen
sind sinnlich nein süchtig weil
man sie mit Zigaretten zügeln
kann sie glauben die Männer
erfunden zu haben das stimmt
nicht sagt die Frau in den besten
Jahren ich und mein Mann da
könnte ich Ihnen was erzählen

Kurz davor

Gibt es etwas umsonst
glauben die Leute tatsächlich
es gäbe was umsonst sie warten
darauf dass du ihnen sagst was
sie hören wollen du bist aber
unter Druck brauchst noch
jemanden der es dir sagt

Fehler

Hättest du jemals gedacht
dass sie kommt dann sprich
mit ihr wie dir der Schnabel
gewachsen ist warum gibst du
es nicht zu weil jeder seine
Fehler verschweigt sie behütet
wie einen Schatz wenn du
wüsstest was für ein Schwein
ich bin und andere Ungereimtheiten
das muss sich nicht reimen dafür
brauchst du kein Reimlexikon
keine Kirche nicht die ungläubigen
Priester wenn du was hast willst
du was anderes wer es nicht kennt
weiß nicht wovon du sprichst
oder wolltest du etwas sagen

Frauen

Eine Landschaft ohne Schatten
eine Frau ohne Hintergedanken
nichts ist so wichtig dass es sich
rechnen müsste oder etwa nicht
weil sich angeblich nichts rechnet
nichts mehr gekauft wird was
man braucht braucht man oder
ist die Frage falsch gestellt

Schönheitskönigin

Der Verwalter der Ausbeuter schaut
sich die Bewerberinnen an sagt das
ist eine Geile eine Verschlagene
das ist eine Rücksichtslose das eine
Brave die es schwer haben wird
im Leben

Mörder

Hier kriegen die Leute eine
so große Wut wenn sie den
Namen hören der ihnen das
Blut zum Kochen bringt

Wissen

Weißt du alles oder willst du lieber
gleich alles vergessen muss man es
braucht man es kann es sein dass
jemand alles weiß die Frau geht
stumm an dir vorbei die andere
grüßt dich von weitem du darfst
dir nicht alles gefallen lassen sagen
die einen die andern meinen du
gibst dich für billige Spiele her

Taub

Es geht um Schamlosigkeiten
der Ignorant will nicht der sein
der er ist und du hörst nie zu
wenn ich rede auch nicht
wenn ich ein anderer wäre

Die Lüge

Die Natter malt dem Meister ein
Bild so wie er es will frag nicht es
ist so das weiß schon jedes Kind
wenn sie es erfahren haben steht im
Schmierblatt dass alles gelogen ist

Abschied

Bis jetzt lief alles reibungslos
auf der Couch und das Essen
auf einmal steht die Tür offen
und niemand mehr ist zu sehen

Erwartung

Die Alten interessieren
dich nicht die Jungen
was willst du von denen
was hast du erwartet

Liebe

Die Liebe
der Kinder
die Liebe
der Mutter
Vaterliebe
Schwesterliebe
Bruderliebe
ohne Liebe
bist du ein
einsamer
Mensch

Eskalation

Sie halten sich nicht an die Regel
demonstrieren protestieren
riskieren ihr Leben und das der
andern Menschen Gesetzestexte
werden geschrieben für sie dass
sich der Hass entfalten kann

Aufenthalt

Es muss etwas geben im Menschen
etwas Gutes niemand ist schlechter
als der andere das meinen nicht die
die besser sind als die andern

Gerüchte

Leute schwören
lügen dir das Blaue
vom Himmel herunter
gleich wird es besser
sagen sie doch der Tag
war wieder für die Katz
warum schwören sie

Idee

Er hat eine große
Idee verkauft und
lebt prächtig davon
aber das bildet er sich
ein es waren die andern
immer die andern
die einer Sache auf
den Grund gehen

Kalender

Die Herrschaften haben es besser
nichts haben und das Gefühl
fürs Leben nicht verlieren
hast du keine Sorgen geht es
dir gut musst nicht willst nicht
hast alle Leute auf deiner Seite

Tauben

Hier fliegen einem die gebratenen
Tauben in den Mund manchmal
würdest du es dir wünschen nur
deine Verdauung ist schlecht du
brauchst eine Nachspeise einen
Schnaps die Rechnung und der
Traum ist vorbei

Das Gefühl

Amerika kaltes Wunderland
jemand der es falsch übersetzt
macht die Träume kaputt was
übrig bleibt ist die Jugend
damals war ich verliebt aber
heute regieren die Gedanken
pass auf was du sagst

Die Sonne

Der Tag beginnt ob dein Kasten
funktioniert oder nicht die
Zeit läuft dir davon du wolltest
sie unbedingt auswandern
verrückt sein ist was für die
Dummen heißt das ich würde
alles noch einmal so machen

Liebe

Natürlich gehören immer
zwei dazu was hast du
gedacht ich war mir nicht
sicher ich habe sie geliebt

Erfahrung

Ein Mann und eine Frau
verheiratet gearbeitet
alles verloren aufs Neue
begonnen das will keiner
mehr hören weil es so
schön war lachen sie ihr
überwältigendes Lachen
nein sagen sie da steckt
mehr dahinter erklären
es dir aber nicht

Bäume

Keiner hält es hier lange aus
eine Woche vielleicht zwei
das ist in Ordnung aber
warum stehen die Bäume
nicht da wo sie hingehören
haben wir sie nicht gepflanzt

Eingebung

Er sagte es wird eine große
Plage kommen das große
Einmaleins der Vernichtung
Heuschreckenschwärme
Kriegstreiber aber die Liebe
wird nicht untergehen

Flugnummer

Flugzeuge haben sich verflogen
werden beobachtet von der Erde
aus keine Angst es geschieht
nichts alles unter Kontrolle
das behältst du am besten für
dich am Himmel sieht man
dich nicht weil du unwichtig
bist nur der Mathematiker
kontrolliert dich in Echtzeit
auf seinem Radarschirm

Blicke

Das Leben ist eine kurze
Geschichte die kurzen
gehen schnell vorbei
alles fängt von vorne
an entweder oder ein
Blick kann viel sagen
keiner noch mehr

Interpreten

Alles was ich schreibe
wird sogleich von den
Interpreten erniedrigt
gequält negativ hingestellt
der Himmel ist schön
sagen sie wenn bloß die
Wolken nicht wären

Imitation

Wer hat dich das Lächeln
gelehrt es ist nicht echt
echte Abziehbilder
sehen ehrlicher aus

Schreiben

Nicht durch getreues Nachahmen
oder Beschönigen der Realität allein
durch Aufdecken und Hinterfragen
von Ungereimtheiten und Lügen
bekäme das Schreiben einen Sinn

Stammtisch

Deine wichtigen tiefgründigen
Sätze behältst du am besten
für dich am Stammtisch halten
sie sich an ihre alles Fremde
ausgrenzenden Parolen

Acht Sechzehntel

Wenn ich sage es ist die
Hälfte sagt er vier Achtel
und kann es auch noch
belegen es ist ein sehr
eigenwilliger verdrehter
schwieriger Umgang
mit diesem Menschen

Gesetze

Er sagte die Kinder im
Nachbargarten führen sich
auf wie Tiere weil ihre Eltern
Nachwuchs in die Welt gesetzt
haben keine Wunschkinder
lassen sie ihren abgrundtiefen
Hass an den Nachbarn aus die
haben keine Chance müssen sich
fügen ducken klein beigeben der
Blender aber und seine Gehilfen
machen sich stark für das neue
Hauptwort Innenverdichtung
weil es große Gewinne bringt
dafür ein Zusammenleben noch
schwieriger macht als es bereits
ist bist du dagegen verdammen
sie dich wünschen dir den
unerzählbaren Wahnsinn

Spiegel

Der Spiegel sagte ich
kann die arroganten
scheinheilig unbedarften
treuherzig dreinblickenden
herrschsüchtigen
Politikergesichter
nicht mehr sehen

Anordnung

Es ist alles in Ordnung
wie es ist auch wenn es
nicht in Unordnung ist
bring es in Ordnung
bis es in Ordnung ist

Freiheit

Als Discountbroker lernte er
die Gier der Menschen kennen
als Schüler die Wut eines Lehrers
im Winter ging er barfuß allein
durch den Schnee im Sommer
wäre er beinahe ertrunken während
der Lehrzeit wurde der ältere
Lehrling vom Chef bevorzugt
der Supervisor im Callcenter
führte sich auf als wäre er
Google und Facebook persönlich
frei fühlte ich mich allein als Kind
auf dem Bauernhof meines Onkels

Zuhause

Im Sumpf im Moor wo noch
daheim wo daheim ja daheim
im Moor hab ich gesagt aber
niemand interessierte sich
dafür die Zeiten waren so
dass keiner mit einem andern
was zu tun haben wollte

Märchen

Er bestieg den Mount Everest
legte sich hin rollte den Berg
hinunter blieb einen Tag liegen
stand wieder auf und ging in
die große weite Welt hinaus

Chiemgau
Frühjahr & Sommer
2020

ADELHARD WINZER
LÜGENGESCHICHTEN
2018. 132 SEITEN
BOD – BOOKS ON DEMAND,
NORDERSTEDT
ISBN 9783752862102

Der Mond hat sieben Türen, sprach das Kind.
Ich lebe nicht hinter dem Mond, erwiderte
der Mann. Du hast keine Ahnung, meinte
das Kind, wenn der erst mal seine Hintertüre
aufmacht, beginnen die Menschen zu wackeln.
Von wegen wackeln, sagte der Mann. Ja,
wenn der Mond wirklich wollte, könnte
er die ganze Welt überschwemmen,
aber er hat Mitleid mit uns, vor allem
mit den alten Leuten. Ich bin nicht alt,
entgegnete der Mann. Für ganz Alte, sagte
das Kind, macht er die Vordertüre auf,
dort können sie hineingehen! Und das
Kind verschwand wie es gekommen war.
Blödsinn, dachte der alte Mann, drehte sich
auf die andere Seite, und konnte doch nicht
einschlafen. Seine Gedanken begannen
um den Mond zu kreisen, um die Erde,
um alte Leute. Schließlich träumte er,
durch eine große weite Türe zu gehen.
Alle Menschen machten ihm Platz,
verbeugten sich und riefen:
Wo warst du denn die ganze Zeit!

ADELHARD WINZER
STOCKHOLM BLUES
KURZPROSA. 2018. 92 SEITEN
BOD – BOOKS ON DEMAND, NORDERSTEDT
ISBN 9783752839814

Seit ich denken kann, will ich nach Stockholm.
Kennen Sie Stockholm? Ich war noch nie dort.
Es ist schön, wo ich wohne, ich vermisse nichts.
Also, sagen meine Freunde, was willst du
in Stockholm? Ich weiß nicht. Nachts erwache
ich aus meinem Traum, drehe mich auf
die andere Seite und denke, morgen gehe ich
nach Stockholm. Stets kommt etwas
dazwischen. Ich gehe zur Arbeit, ärgere mich,
gehe wieder nach Hause – schon ist der Tag
vorbei. Wie schön wäre es jetzt in Stockholm,
denke ich, warum bist du nicht nach Stockholm
gegangen! Ich war in Trinidad, ich war in
New York, aber was ist das im Vergleich
zu meinem Traum. Meine Freunde sagen,
geh in dich, vergiss dieses Stockholm,
es bringt dich noch um! Aber in Gedanken
bin ich in Stockholm. Ich weiß nicht warum.
Um was Neues beginnen zu können,
muss ich nach Stockholm. Kennen Sie
Stockholm? Waren Sie schon dort?
Heute wäre ein guter Tag,
um nach Stockholm zu gehen!

ADELHARD WINZER
DIE SPRACHGRENZE
GESCHICHTEN. 2018. 184 SEITEN
BOD – BOOKS ON DEMAND, NORDERSTEDT
ISBN 9783746087429

In mehr als hundert ineinandergreifenden
Geschichten (die längste hat elf Seiten, die
kürzeste vier Zeilen) wird anhand der Parabel,
der Groteske, der Fabel und der Übertreibung
von Personen und Ereignissen berichtet,
denen allen gemeinsam die Thematik
„In der Fremde" zugrunde liegt. Skizzenhaft,
lakonisch, phantastisch überhöht,
bis an die Grenzen der Erzählbarkeit.

„Ihre Texte haben lange auf meinem Schreibtisch
gelegen und ich habe immer mal wieder
hineingeschaut. Der Titel ‚Sprachgrenze' ist
total richtig gewählt. Alle Texte machen vor
etwas Halt – eine Wand? Ein Absturz? Ein
Paradies? Das wirkliche Leben? (was immer
das ist). Man wartet auf einen Durchbruch,
aber er kommt nicht. Sehnsuchtstexte!
Sehnsucht sehnt sich nach Erlösung. Aber was
könnte das sein? Gott? Die Liebe? Die Tat?"
Ruth Rehmann in einem Brief
an Adelhard Winzer

„Deine Geschichten sind klasse,
sie ziehen den Leser in den Bann,
sind erschreckend ehrlich und hart,
sprachlich fein gesponnen."
Thomas Felber, Buchhandlung Lentner, München

„Ich finde Ihr Werk rundherum gelungen."
Wolfgang Weinkauf

ADELHARD WINZER
ANDREAS. REPRINT. 2019. 80 SEITEN
BOD – BOOKS ON DEMAND, NORDERSTEDT
ISBN 9783749436804

„Dieses Buch wendet sich Problemen zu, wie Jugendliche sie in unserer Gegenwart haben können: der Zweifel am sogenannten Fortschritt, mangelnde Verbundenheit mit der Natur, Missverstehen der Erwachsenen im Hinblick auf jugendliches Verhalten. Das Buch wird gewiß einen Teil von älteren Kindern und Jugendlichen in weiterführenden Schulen gut ansprechen.“
Prof. Doktor Anton Reinartz,
VJA Nordrheinwestfalen

„Ein wichtiges Buch, insbesondere für Erwachsene, denn hier können sie etwas erfahren über die Kluft, die sie zwischen sich und den Kindern aufgebaut haben und die Unkindlichkeit unserer Welt.“
Klaus Friedrich, München

„In dem schmalen Büchlein steht Bedeutsames.“
Reichenhaller Tagblatt

„Begegnung mit einem außergewöhnlichen Jungen.“
Stuttgarter Nachrichten

„In einem langen Brief schreibt sich Andreas all das vom Herzen, was ihn freut, aber auch was ihn bedrückt, was ihm an den Erwachsenen nicht gefällt, die schuld daran sind, dass Landschaften zu Betonwüsten werden, die sich immer streiten müssen, die Kriege führen ...“
Katholischer Kirchenanzeiger

„Das Buch habe ich bekommen und gelesen. Es gefiel mir. Talentierter Mann!“
Stephan Sulke

ADELHARD WINZER
KRETHI UND PLETHI
DAS KORKENSPIEL
ZWEI STÜCKE. 2019. 124 SEITEN
BOD – BOOKS ON DEMAND, NORDERSTEDT
ISBN 9783750414716
AUFFÜHRUNGSRECHTE:
CANTUS THEATERVERLAG, ESCHACH

KRETHI UND PLETHI
DRAMOLETT

Ein Stück, das die Sprache zum Mittelpunkt hat.
Befangenheit und Vorurteile der Menschen.
Keine zwingende Handlung. LAYLA
(schwarzhaarig) und SABRINA (blond),
einheitlich gekleidet, sitzen
Rücken an Rücken auf einer Bank,
reden über eine fremde Person, stehen auf,
gehen im Kreis, deuten mit den Händen,
vermeiden es, sich dabei anzuschauen.
Ort des Geschehens: Ein Kirchenplatz.
Bühnenlicht, das, während sie sprechen,
allmählich schwächer wird und den Schatten
des Kirchturms näher bringt. Bewegungen
und Gesten sollen nicht übertrieben wirken.
Freier Redefluss. Dazwischen kurze und längere
Pausen. Keine strenge Regieanweisung,
die Inszenierung liegt in der Hand des Regisseurs.
LAYLA und SABRINA telefonieren in den Pausen:
nehmen Anrufe entgegen, die sie mit JA oder NEIN
oder SOWIESO beantworten, oder sie schreiben
SMS auf ihren Handys, murmeln Unverständliches
dabei, schminken sich oder blättern in Illustrierten,
gähnen, schauen neugierig um sich, manchmal auch
verängstigt. Beide treten sehr selbstsicher auf –
aber nicht überheblich.

ADELHARD WINZER
KRETHI UND PLETHI
DAS KORKENSPIEL
ZWEI STÜCKE. 2019. 124 SEITEN
BOD – BOOKS ON DEMAND,
NORDERSTEDT
ISBN 9783750414716
AUFFÜHRUNGSRECHTE:
CANTUS THEATERVERLAG,
ESCHACH

DAS KORKENSPIEL
DRAMA
*EIN LEBEN IST IMMER ZU KURZ
FÜR EIN GANZES LEBEN*

Alf und Bianca haben ihre Stadtwohnung
aufgegeben und versuchen in einem
abgelegenen Bauernhof auf dem Land sesshaft
zu werden. Eines Tages bekommen sie Besuch
von Gitte und Ernst, einem befreundeten Paar
aus der Stadt. Sie machen es sich bei Kaffee,
Kuchen und Wein im Garten bequem, erzählen
von ihren Reisen nach Asien, Österreich, Italien,
Mexiko und New York. Während Alf und
Bianca sich gegenseitig die Beweggründe ihres
Neuanfangs zu erklären versuchen, schwärmen
Ernst und Gitte von der ländlichen Umgebung.
Dabei stellt sich heraus, dass Alf und Bianca
von ihrem neuen Nachbarn dominiert werden,
die angebliche Idylle nur täuscht, alle
vier sich im Grunde nichts zu sagen haben.
Ein harmlos erscheinender Nachmittag
auf dem Bauernhof, bei dem es am Abend
zur Katastrophe kommt.

ADELHARD WINZER
DER PENSIONIST
GESCHICHTEN
2019. 156 SEITEN
BOD – BOOKS ON DEMAND,
NORDERSTEDT
ISBN 9783749455041

*Aufzeichnungen eines Querdenkers.
Eigenwillig, melancholisch, naiv. Geschichten,
die das Altern zum Mittelpunkt haben.*

Lieber Gott, ich fühle mich heute so einsam. Ich
will mit Dir sprechen. Wo bist Du? Gehörst Du der
Kirche, wie alle behaupten? Nein, von Gut und Böse
wird da geredet, nicht von Gott. Als Kind haben mich
alle erschreckt mit ihrer Hölle. Immerzu muss man
dort bleiben, haben sie gesagt, wenn man die Gebote
nicht einhält – bis in alle Ewigkeit! Der Gedanke hat
mich beinahe verrückt gemacht als Kind, weil ich es
verstehen wollte und doch nicht verstand. O Gott, ich
fühle mich heute so einsam. Ich weiß nicht wohin.
Die andern tragen Dich vor sich her wie einen Schild,
schmücken ihre Bücher mit Bibelzitaten, weil sie
selber nichts sind. Mich beschuldigen sie, weil ich
nicht in die Kirche gehe. Nein, sie beten die Hostie
an, den Altar, das Kruzifix, nicht Dich. Hast Du nicht
zu mir gesagt, schau hin, wo andere wegschauen?
Sei genau, sieh, was richtig ist und was nicht!
O Gott, wo bist Du, ich will mit Dir reden.
Hörst Du mich nicht?

„Das Surreale und manchmal das Widersprüchliche
ist in den Texten von Adelhard Winzer zu finden.
Immer wieder fordert er mich heraus über die
Inhalte seiner Geschichten nachzudenken."
Heinz Steinbacher

ADELHARD
WINZER
ITALIENISCHE SKIZZEN
PROSA
2020. 136 SEITEN
BOD – BOOKS ON DEMAND,
NORDERSTEDT
ISBN 9783750403208

Der Strand war menschenleer,
der Mond spiegelte sich im
Meer. Ich war hellwach,
fing zu schreiben an.
Es war eine Nacht voller
Einfälle, Gedankensprünge.
Ich wurde nicht müde.
Der Tag hatte noch
nicht begonnen.

„Adelhard Winzers Skizzen benötigen
nur wenige Sätze und Zeilen, um eine
besondere Atmosphäre einzufangen,
über ein Empfinden Auskunft zu geben,
ein Erlebnis zu schildern oder einer
früheren Kränkung nachzuspüren.
Die Reflexionen aus einem an Erfahrungen
überreichen Leben schwingen zwischen den
Themen Sprachlosigkeit und Geschwätzigkeit,
Einsamkeit und Geselligkeit, Zweifel und
Gewissheit. Zudem erweist sich Winzer
als genauer Beobachter menschlicher
Schwächen, der eigenen genauso wie
denen der anderen. Über allem weht ein
Hauch von Melancholie, vermischt
mit italienischer Leichtigkeit."
Isa Schikorsky

ADELHARD
WINZER
DIE KUNST DES
DRACHENTÖTENS
CAPRICCIOS
2020. 148 SEITEN
BOD – BOOKS ON DEMAND,
NORDERSTEDT
ISBN 9783751937122

*Der große Moment, wenn
jemand zu lachen anfängt, einen
Schritt auf dich zugeht, ohne finstere
Absicht. Was für ein Augenblick!
Die Gedanken, die hin und
her gehen. Zuversicht oder
Aufrichtigkeit? Vertrauen
oder Misstrauen? Was hat das
eine mit dem anderen zu tun,
der endlose Monolog?*

„Die Kunst des Drachentötens"
handelt von Stimmen in der Nacht,
von Phantasien und Traumsequenzen,
teilweise surreal anmutend, mystisch,
absurd. Assoziative, vielsinnige
Gedankenketten, die in eigenwilligem
Rhythmus auf hintergründige, kaum
greifbare Weise die Ungewissheiten,
Unwägbarkeiten und Fragen
umkreisen, vor die das Leben
uns täglich stellt.

ADELHARD
WINZER
VENEDIG,
VON HIER AUS
AUFZEICHNUNGEN
2019. 212 SEITEN
BOD – BOOKS ON DEMAND,
NORDERSTEDT
ISBN 9783749437481

Diese Arbeiten
folgen keinem
künstlerischen Konzept,
keiner Gesetzmäßigkeit, keiner
Logik im herkömmlichen Sinn.
Niedergeschrieben in einem Zug,
frei von ablenkenden Gedanken
oder Zugeständnissen an
eine literarische Form
enthält der Band
zweihundert Aufzeichnungen
aus dem Unterbewusstsein.
Allein das Aufhören
am Ende der jeweiligen
Notizbuchseite, um
erneut beginnen
zu können, galt als
Einschränkung beim
Schreiben dieser Texte.

ADELHARD WINZER
DIE KÜRZESTE
LIEBESGESCHICHTE
DER WELT
GEDICHTE
2020. 124 SEITEN
BOD – BOOKS ON DEMAND,
NORDERSTEDT
ISBN 9783750437289

Zuerst
wollte nur er
aber sie nicht
dann wollte sie
aber er nicht
worauf auch sie
nicht mehr wollte

„Die kürzeste Liebesgeschichte
der Welt" erzählt von knappen
Augenblicken des Liebesglücks,
vor allem aber von verpassten
Gelegenheiten, Missverständnissen,
Kränkungen und Vorurteilen, die
das scheue Gefühl schnell wieder
vertreiben. Die Liebe – ersehnt,
erträumt, erhofft – und doch
zu flüchtig, um sie für
immer festzuhalten.